LA VIDA EN EL PASADO

La Edad Media

por Tea Benduhn

Consultora de lectura: Susan Nations, M.Ed., autora/ tutora de alfabetización/consultora de desarrollo de la lectura

Gareth Stevens PUBLISHING

Please visit our website, www.garethstevens.com. For a free color catalog of all our high-quality books, call toll free 1-800-542-2595 or fax 1-877-542-2596.

Library of Congress Cataloging-in-Publication Data available upon request from publisher.
Fax (414) 336-0157 for the attention of the Publishing Records Department.

ISBN-13: 978-0-8368-8035-9 (lib. bdg)
ISBN-13: 978-0-8368-8040-3 (softcover)

This edition first published in 2007 by
Gareth Stevens Publishing
2544 Clinton Street
Buffalo, NY 14224

Managing editor: Valerie J. Weber
Art direction: Tammy West
Cover design, page layout, and illustrations: Dave Kowalski
Picture research: Diane Laska-Swanke
Spanish translation: Tatiana Acosta and Guillermo Gutiérrez

Picture credits: Cover, title, © John Stevens/Ancient Art & Architecture Collection; pp. 4, 6, 8, 18 © North Wind Picture Archives; pp. 5, 15 © Prisma/Ancient Art & Architecture Collection; p. 7 Dave Kowalski/© Weekly Reader Early Learning Library; p. 9 © Historical Picture Archive/CORBIS; pp. 10, 21 © Brian Gibbs/Ancient Art & Architecture Collection; pp. 11, 13 © Ronald Sheridan/Ancient Art & Architecture Collection; pp. 12, 14, 16 © The Granger Collection, New York; p. 17 © Brian Wilson/Ancient Art & Architecture Collection; p. 19 © Index/Ancient Art & Architecture Collection; p. 20 © Ancient Art & Architecture Collection

Printed in the United States of America

1 2 3 4 5 6 7 8 9 10 10 09 08 07 06

CONTENIDO

Cubierta y portada: El castillo de Bodiam fue construido en Sussex, Inglaterra, en 1385, casi al final de la Edad Media. El castillo está rodeado por un foso.

CAPÍTULO

1

¿Qué es la Edad Media?

¿Has visto alguna vez a un caballero de reluciente armadura? Los caballeros de la Edad Media combatían a caballo. Servían a un rey, que vivía en un castillo. Es posible que hayas visto caballeros, reyes y castillos en alguna película. En las películas, la Edad Media parece una época de grandes aventuras.

En un castillo vivían y trabajaban muchas personas. La familia real tenía un gran número de sirvientes que cuidaban de los caballos, cocinaban, limpiaban y se encargaban de otras tareas.

Sin embargo, la mayoría de las personas de la Edad Media no pensaban que sus vidas estuvieran llenas de aventura. Toda su vida transcurría cerca de su lugar de nacimiento. Muchos eran campesinos, pero no poseían las tierras en las que trabajaban. La mayor parte de los campos de cultivo pertenecían a los ricos.

Durante la Edad Media, los campesinos cultivaban la tierra usando herramientas muy simples. Aquí, un hombre corta heno con una guadaña, una hoja afilada y curva en el extremo de un palo.

El rey Enrique II vestía como muchos otros reyes de la Edad Media. Llevaba una corona y elegantes vestiduras hechas con hilo de oro y adornadas con joyas.

La Edad Media duró, aproximadamente, desde el año 500 d. de C. hasta el año 1500. En ese tiempo, muchos reyes diferentes gobernaron extensos territorios. El área geográfica en que reinaron se conoce como la Europa **medieval**.

Los habitantes de la Europa medieval tenían todos unas ideas y modos de vida parecidos. Las zonas que formaron la Europa medieval son ahora parte de la Europa moderna, del norte de África y de Asia occidental.

La zona de color verde oscuro del mapa muestra la ubicación de la Europa medieval.

CAPÍTULO 2

Poblaciones y comercio

En la Europa medieval, los reyes eran los propietarios de la tierra. Algunas personas adineradas, los **señores**, la gobernaban en nombre del rey. Los señores permitían que los caballeros vivieran en sus posesiones si éstos prometían luchar por el rey. Casi todas las demás personas cultivaban la tierra de algún caballero y le pagaban con cosechas. A cambio, el caballero los protegía. Este sistema se llama **feudalismo**.

Los campesinos trabajaban la tierra de los propietarios, y se quedaban con una pequeña parte de la cosecha.

A comienzos de la Edad Media, la mayoría de la gente vivía en el campo. Algunas personas iban de pueblo en pueblo para intercambiar alimentos, ropa y herramientas. Ciertas personas, los comerciantes, usaban dinero para cambiarlo por productos. Se reunían en poblaciones conocidas como centros comerciales. Estas poblaciones crecerían hasta convertirse en grandes ciudades.

Unas personas venden productos como calzado, ropa y platos en un mercado cubierto europeo del siglo XV.

Algunas poblaciones estaban rodeadas por murallas que las protegían de los ataques. En medio de la población había una iglesia. La principal religión de la Europa medieval durante la Edad Media era el cristianismo. La Iglesia Cristiana establecía las reglas que la gente debía seguir. Hasta los reyes tenían que obedecerlas.

Esta gran iglesia, la catedral de Ely, fue construida en Cambridgeshire, Inglaterra, durante la Edad Media.

Algunas personas tenían otras religiones. Durante la Edad Media vivían en Europa muchos judíos. El islamismo surgió durante la Edad Media. En el año 800 d. de C., los musulmanes llegaron al sur de España desde el norte de África. El territorio de los musulmanes se extendía hasta Medio Oriente y Asia Central.

Una vidriera muestra a judíos europeos de la Edad Media como científicos, banqueros, intérpretes, ingenieros, farmaceúticos y fabricantes de cerveza.

CAPÍTULO

3

La vida familiar

Si hubieras vivido durante la Edad Media, es probable que hubieras trabajado a tiempo completo a partir de los doce años de edad. A los quince es probable que te hubieras casado. A los veinte, ya habrías tenido hijos. Mucha gente no vivía más allá de los treinta o treinta y cinco años de edad.

Todos los miembros de una familia, como ésta de carpinteros de armarios, trabajaban juntos en el mismo oficio.

Los niños se divertían con juegos como el columpio, la peonza y una especie de juego de bolos.

La gente, por lo general, tenía bastantes hijos, pero muchos no vivían más allá del primer cumpleaños. Los que lo conseguían, practicaban juegos como "lo que hace la mano hace la tras", la herradura y las damas. Los niños también aprendían oraciones desde muy pequeños.

A los siete años de edad, los niños de familias ricas podían ir a la escuela. Casi todos los demás niños empezaban a formarse como **aprendices**. Un muchacho aprendía el oficio de su padre como comerciante, herrero, carpintero, agricultor y en otros tipos de trabajos. Las niñas aprendían de sus madres cómo tejer, hacer las tareas domésticas o cocinar.

En una escuela alemana para muchachos, los estudiantes se agolpaban en los bancos a la espera de que llegara su turno con un maestro.

Para sobrevivir, la gente debía trabajar muy duro. Los campesinos tenían que entregar la mayor parte de sus cosechas a ricos propietarios de tierras. Los comerciantes pagaban fuertes tributos a los señores. Pocas personas tenían dinero suficiente para pagar una educación. Quienes estudiaban podían hacerse doctores, abogados y miembros del clero.

Unos campesinos aran la tierra en los alrededores de una ciudad de la Italia rural del siglo XV. El día de trabajo era largo y duro. Muchos trabajadores morían jóvenes.

Muchas personas vivían en casas hechas de barro y madera con techo de heno. Las casas estaban llenas de ratones y otros animales nocivos. Las calles estaban cubiertas de basura. La comida se estropeaba con facilidad, y la gente se enfermaba con frecuencia por comer alimentos en mal estado. Cuando alguien se enfermaba, por lo general moría.

La gente construía sus casas con madera junto a los sólidos muros de piedra del castillo.

Tanta gente murió durante la peste bubónica, que los vivos tenían que llenar carretas con los cadáveres para quitarlos de las calles.

La principal causa de muerte durante la Edad Media fue la **peste bubónica**, una enfermedad de la que eran portadoras las ratas. Las pulgas transmitían la enfermedad de las ratas a los seres humanos. Por lo general, la gente moría a las pocas horas de haber sufrido picaduras de pulgas.

CAPÍTULO

4

¿Qué hemos aprendido de la Edad Media?

Muchas lenguas modernas surgieron en la Edad Media. Las lenguas medievales europeas se modificaron cuando la gente empezó a viajar. Los viajeros difundieron su lengua a nuevos territorios y llevaron de vuelta nuevas palabras. Muchas palabras del inglés proceden del alemán, del francés, del danés y del celta.

La gente recorría largas distancias a pie, en barco o a caballo o incluso en camello. De sus viajes regresaban con nuevos productos y nuevas palabras.

Cristóbal Colón llegó con sus barcos a nuevas tierras. Al regresar, llevó consigo riquezas y relatos para los reyes que lo habían enviado.

Todavía conocemos a importantes personajes de la Edad Media gracias a libros y películas. Viajeros como Cristóbal Colón y Marco Polo exploraron el mundo y conocieron nuevas tierras. ¡Hasta la historia de Robin Hood está basada en personajes reales!

¿Usas dinero o vas al banco? Antes de la Edad Media, la mayoría de la gente intercambiaba un objeto por otro. Durante la Edad Media, la gente empezó a usar dinero para cambiarlo por bienes. La gente quería pedir préstamos de dinero o guardarlo en un lugar seguro. Los primeros bancos surgieron durante la Edad Media con el fin de guardar dinero.

Comerciantes medievales cambiaban su dinero en casas de moneda, que más tarde recibieron el nombre de bancos.

El colegio universitario St. John´s se construyó en Cambridge, Inglaterra, durante la Edad Media.

¿Quieres ir a la universidad cuando seas mayor? Algunas de las universidades más famosas del mundo se fundaron durante la Edad Media en París, Francia, y en Oxford y Cambridge, Gran Bretaña. Muchas de las materias que se estudiaban entonces se siguen estudiando hoy en día. La próxima vez que estudies gramática, matemáticas o música, ¡estarás conociendo la Edad Media!

GLOSARIO

aprendices — personas jóvenes que aprenden un oficio con alguien que lo conoce bien

celta — lengua hablada durante la Edad Media por los habitantes de la zona que actualmente es Gran Bretaña

clero — sacerdotes o líderes de la Iglesia Cristiana

comerciantes — personas que compran, venden o intercambian productos

cristianismo — religión basada en la creencia en Jesucristo y en sus enseñanzas

feudalismo — sistema político en el que los campesinos y otros trabajadores servían a un señor que a cambio les ofrecía protección

gobernar — asegurarse de que la gente cumple las leyes y paga los tributos

gramática — estudio de las reglas para hablar y escribir con corrección

islamismo — religión basada en la creencia en Alá, o Dios

judíos — personas que siguen el judaísmo, la creencia en un Dios y en las enseñanzas del Antiguo Testamento de la Biblia

lugar de nacimiento — área donde alguien ha nacido

medieval — relativo a la Edad Media

musulmanes — personas que siguen las enseñanzas del islamismo

peste bubónica — enfermedad que se propagó con gran rapidez en la Europa medieval y que mató a un gran número de personas

señores — poderosos y ricos propietarios de tierras

MÁS INFORMACIÓN

Libros

Discovering Castle Days. The Discovery Series (series).
J. Bradley Cruxton and W. Doug Wilson (Skyline Books)

El castillo. Colección "Mundo Maravilloso"/First Discovery (series). C. Y D. Millet (Liguori Publications)

Knights and Castles.
Magic Tree House Research Guides (series).
Will Osborne (Random House Books for Young Readers)

Rey Arturo. Tras los pasos de... (series).
Claudine Glot (Blume)

ÍNDICE

Información sobre la autora

Tea Benduhn escribe y corrige libros para niños y adolescentes. Sus críticas de libros, entrevistas y artículos han aparecido en revistas y periódicos. Vive en el bello estado de Wisconsin.